ANNA WALZ

CRISPY SNACKS

FOTOGRAFIE: MONA BINNER, COCO LANG

INHALT

Öffnen Sie die Klappen dieses Buches.
Dort finden Sie die wichtigsten Infos zum Thema auf einen Blick!

DAS PRINZIP: PANIEREN

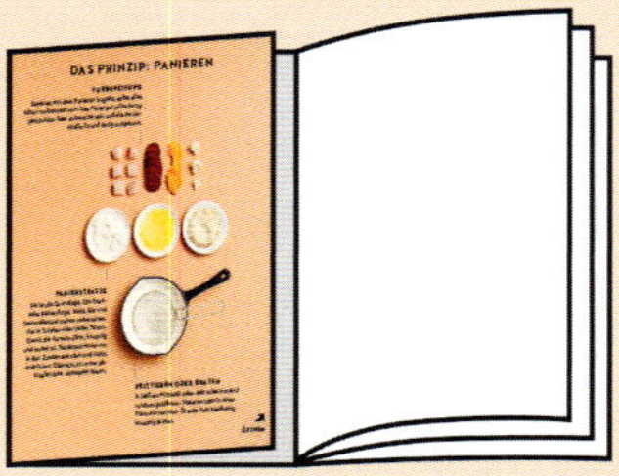

DIE PERFEKTE KOMBI

Immer griffbereit:

SO GEHT'S: RICHTIG FRITTIEREN

Immer griffbereit:

SO WIRD'S KNUSPRIG

GU **CLOU**

Wussten Sie schon, dass ...?
Entdecken Sie bei einigen ausgewählten Rezepten ganz besondere Tipps mit verblüffendem Insiderwissen. Aha-Momente garantiert!

Mit diesem Symbol sind alle vegetarischen Gerichte gekennzeichnet.

Die Backzeiten können je nach Herd variieren. Unsere Temperaturangaben beziehen sich auf das Backen im Elektroherd mit Ober- und Unterhitze.

Sammeln Ihrer Lieblingsrezepte mit der »GU Kochen Plus«-App (siehe S. 64)

REZEPTKAPITEL

3 FRAGEN AN ANNA WALZ

Wenn unsere Crispy Snacks auf den Tisch kommen, können Kartoffelchips und Co. einpacken! Denn den selbst gemachten herzhaften und süßen Knuspereien kann niemand widerstehen – egal ob sie heiß und goldbraun frittiert sind, kross in der Pfanne gebraten wurden oder knackfrisch gebacken aus dem Ofen kommen.

Warum »Crispy Snacks«?

Das Thema »Knusprig« in all seinen Variationen ist für mich der Inbegriff von Genuss. Ob würzige Chips, heiße Pommes oder goldgelb frittiertes Hähnchen: Ich kenne fast niemanden, der das nicht mag! Klar, das sind alles keine Alltagsgerichte. Das ist eher etwas zum bewussten Genießen. Und hier passt für mich das Thema »Snacks« so gut. Denn das sind meist nur Kleinigkeiten, Häppchen zum gemeinsamen Schlemmen und aus der Reihe.

Warum lohnt sich das Selbermachen?

Ich finde, etwas selbst zu machen, lohnt sich immer – gerade bei dieser Art von Snacks, die man häufig eher in Fast-Food-Restaurants oder abgepackt im Supermarkt findet. Frittiertes und Gebratenes muss nicht ungesund sein. Wenn man es mit guten Zutaten zubereitet und weiß, was drin steckt, kann man mit gutem Gewissen snacken – egal ob Sie sich für eines der vielen ganz einfachen und schnellen Rezepte aus dem Buch entscheiden oder eher mal eines der ausgefalleneren, etwas zeitaufwendigeren ausprobieren.

Was ist das Wichtigste bei der Zubereitung?

Das Wichtigste ist auf jeden Fall, die Tipps zu den angegebenen Temperaturen zu beachten und umzusetzen! Denn ob Braten, Frittieren oder Backen: Ist die Temperatur zu niedrig, wird der Snack labbrig, ist sie zu hoch, verbrennt er – und keines von beidem ist wünschenswert! Im Buch gibt es viele Tipps, wie die Leckereien knusprig werden und es bis zum Verzehr bleiben.

PARMESANCHIPS MIT 3 ZUTATEN

120 g Parmesan grob reiben und …

… mit 10 g rotem Pesto verrühren.

1–2 rote Peperoni putzen (nach Belieben entkernen), waschen und in nicht zu feine Ringe schneiden.

Den Backofen auf 170° (Umluft) vorheizen. Zwei Backbleche mit Backpapier belegen. Die Parmesanmischung als 16 Häufchen auf das Blech setzen und die Peperoniringe darauf verteilen. Im Ofen (Mitte) je ca. 7 Min. backen, bis die Ränder goldbraun sind. Kurz abkühlen lassen, vom Blech nehmen, auf Kuchengittern fest werden lassen. Frisch schmecken die Chips am besten. Statt Peperoni passen auch Paprika- oder Salamiwürfel.

SNACKS FÜR JEDEN TAG

Für 16 Stück • 40 Min. Zubereitung • 20 Min. Kühlen • 8 Min. Backen • Pro Stück ca. 95 kcal, 5 g E, 6 g F, 5 g KH

HACKBÄLLCHEN MIT KÄSE

EINFACH

2 Stiele Basilikum
30 g Mozzarella
250 g Rinderhackfleisch
1 Ei
65 g Semmelbrösel
1 Knoblauchzehe
1 TL Chiliflocken
Salz
40 g Panko (jap. Semmelbrösel, Asialaden)
3 EL Butterschmalz

GU CLOU

Bei Hackbällchen denkt man nicht gleich an Knuspriges. Der Trick: Eine Semmelbröselkruste, die beim Reinbeißen so richtig schön knuspert, bildet den perfekten Kontrast zum saftigen, weichen Inneren. Auf diese Weise lassen sich z. B. auch Gemüsebratlinge knusprig umhüllen.

HACKMASSE: Das Basilikum waschen und trocken schütteln. Die Blätter abzupfen und fein hacken. Den Mozzarella trocken tupfen und in 16 kleine Stücke schneiden. Hackfleisch, Basilikum, Ei und Semmelbrösel in eine Schüssel geben. Die Knoblauchzehe schälen und dazupressen. Mit Chiliflocken und Salz würzen und alles gut vermischen.

FORMEN: Aus der Hackfleischmasse nach und nach 16 gefüllte Bällchen formen. Dafür je eine etwa golfballgroße Portion der Masse abnehmen, diese leicht flach drücken und 1 Stück Mozzarella in die Mitte legen. Dann die Hackmasse um den Mozzarella schließen und zu einem Bällchen formen. Die Bällchen abgedeckt 20 Min. in den Kühlschrank stellen.

UMHÜLLEN: Den Backofen auf 180° vorheizen. Ein Backblech mit Backpapier auslegen. Die Hackbällchen in den Pankobröseln rollen, bis sie rundum damit umhüllt sind.

BRATEN: Das Butterschmalz in einer Pfanne erhitzen und die Bällchen darin bei mittlerer bis hoher Hitze rundherum goldbraun anbraten. Herausnehmen, auf das Blech legen und im Ofen (Mitte) in 8 Min. fertig garen. Warm genießen.

Für 20 Stück • 30 Min. Zubereitung • Pro Stück ca. 65 kcal, 4 g E, 3 g F, 4 g KH

HÄHNCHEN-NUGGETS

SCHARF

250 g Hähnchenbrustfilet
1 TL rosenscharfes Paprikapulver
1 TL scharfes Currypulver
1 TL Ingwerpulver
Salz, Pfeffer
2 EL Speisestärke
2 Eier
80 g Semmelbrösel

AUSSERDEM
1 l Frittieröl

1 Das Hähnchenbrustfilet in ca. 20 Stücke (à ca. 4 × 4 cm) schneiden. Die Stücke in einer Schüssel mit Paprika-, Curry- und Ingwerpulver mischen und mit Salz und Pfeffer würzen. Die Stärke hinzufügen und alles so lange vermengen, bis die Fleischstücke rundherum mit Stärke überzogen sind.

2 Die Eier in einer Schüssel verquirlen, die Semmelbrösel in eine zweite Schüssel füllen. Die Hähnchenstücke mithilfe einer Gabel zuerst in den Eiern wenden, dann in den Semmelbröseln.

3 Das Öl in einer Fritteuse oder einem kleinen, hohen Topf auf 175° erhitzen. Im Topf ist es heiß genug, wenn an einem hineingehaltenen Holzkochlöffelstiel sofort größere Bläschen aufsteigen. Höchstens 3–4 Hähnchenstücke auf einmal ins Öl geben und in ca. 2 Min. goldbraun frittieren. Mit einer Schaumkelle herausheben und auf einem mit Küchenpapier belegten Kuchengitter abtropfen lassen.

Für 12 Stück • 30 Min. Zubereitung • 25 Min. Backen • Pro Stück ca. 140 kcal, 4 g E, 6 g F, 17 g KH

KNUSPER-BLUMENKOHL

GÜNSTIG

1 mittelgroßer Blumenkohl (ca. 750 g)
Salz
350 g Joghurt (3,8 % Fett)
5–6 EL Sriracha-Sauce (thail. scharfe Chilisauce)
200 g Mehl
2 EL rosenscharfes Paprikapulver
2 EL Currypulver
2 TL Knoblauchpulver
Pfeffer

AUSSERDEM

1,5 l Frittieröl

1 Backofen auf 180° vorheizen. Ein Backblech mit Backpapier auslegen. Blumenkohl putzen, waschen und trocken tupfen. Zwölf große Röschen abschneiden, mit Salz würzen, auf dem Blech verteilen und im Ofen (Mitte) in 20–25 Min. bissfest garen. Leicht abkühlen lassen.

2 Joghurt, Sriracha und 8 EL Wasser in einer Schüssel verrühren. Mehl, Paprika-, Curry- und Knoblauchpulver in einer zweiten Schüssel mischen, salzen und pfeffern. Blumenkohl in die Marinade tauchen, kurz abtropfen lassen und dann in der Mehlmischung wälzen.

3 Das Öl in einer Fritteuse oder einem kleinen, hohen Topf auf 175° erhitzen. Im Topf ist es heiß genug, wenn an einem hineingehaltenen Holzkochlöffelstiel sofort größere Bläschen aufsteigen. Höchstens 2–3 Röschen auf einmal ins Öl geben und in ca. 2 Min. goldbraun frittieren. Mit einer Schaumkelle herausheben und auf einem mit Küchenpapier belegten Kuchengitter abtropfen lassen.

Für 16 Stück • 30 Min. Zubereitung • Pro Stück ca. 150 kcal, 9 g E, 9 g F, 8 g KH

FISCH-NUGGETS MIT CORNFLAKES

FÜR GÄSTE

100 g Cornflakes (ungesüßt)
3–4 TL rote Pfefferbeeren
50 g gehackte Mandeln
60 g Mehl
Salz, Pfeffer
3 Eier
550 g Seelachsfilet (oder Kabeljaufilet)
ca. 6 EL Butterschmalz zum Braten

PANADE: Die Cornflakes grob zerbröseln. Die Pfefferbeeren in einem Mörser anstoßen. Beides mit den gehackten Mandeln in einer Schüssel mischen. Das Mehl in einer weiteren Schüssel mit Salz und Pfeffer würzen. Die Eier in einer dritten Schüssel verquirlen.

FISCH: Das Seelachsfilet kalt abbrausen und trocken tupfen, eventuell vorhandene Gräten entfernen. Dann das Fischfilet in ca. 16 gleich große Stücke schneiden.

PANIEREN: Die Fischstücke nacheinander jeweils zuerst im Mehl wenden, dann in den Eiern und zum Schluss in der Cornflakes-Mandel-Mischung.

BRATEN: 3 EL Butterschmalz in einer Pfanne erhitzen. Die Hälfte der Nuggets darin bei mittlerer Hitze in ca. 3 Min. pro Seite goldgelb braten. Dann das übrige Butterschmalz (3 EL) in die Pfanne geben und die restlichen Nuggets ebenso braten. Fertige Nuggets aus der Pfanne nehmen und auf einem mit Küchenpapier belegten Kuchengitter abtropfen lassen.

Für 8 Stück • 35 Min. Zubereitung • 2 Std. Gehen • 20 Min. Backen • Pro Stück ca. 230 kcal, 7 g E, 11 g F, 25 g KH

MINI-FLAMMKUCHEN

GÜNSTIG

5 g frische Hefe
250 g Mehl, Salz
2 EL Olivenöl
2 rote Zwiebeln
150 g Pilze (z. B. braune Champignons, Steinpilze, Pfifferlinge)
80 g Frühstücksspeck (in Scheiben)
150 g Schmand
Pfeffer
1 Kästchen Kresse

AUSSERDEM
Öl für die Schüssel
Mehl zum Ausrollen

1 Hefe in 110 ml lauwarmem Wasser auflösen. Mehl und ½ TL Salz in einer Schüssel mischen, Hefemischung und Olivenöl dazugeben. Alles mit den Knethaken des Handrührgeräts zu einem glatten Teig verkneten. Nochmals von Hand kurz durchkneten. In einer leicht geölten Schüssel abgedeckt an einem warmen Ort 2 Std. gehen lassen.

2 Ein Backblech in den Backofen (oberes Drittel) schieben. Ofen auf 230° vorheizen. Zwiebeln schälen und in dünne Spalten schneiden. Pilze putzen und in Scheiben schneiden. Speck in schmale Streifen schneiden. Schmand mit Salz und Pfeffer cremig verrühren.

3 Teig achteln, Stücke auf wenig Mehl zu sehr dünnen Fladen ausrollen. Vier Fladen auf Backpapier legen, mit Schmand bestreichen, mit Zwiebeln, Pilzen und Speck belegen. Mit dem Papier auf das Blech ziehen und in ca. 10 Min. goldbraun backen. Übrige Flammkuchen ebenso backen. Kresse abschneiden und daraufstreuen.

Für 6 Stück • 20 Min. Zubereitung • Pro Stück ca. 315 kcal, 14 g E, 20 g F, 21 g KH

KNUSPRIGE KÄSETOASTS

SCHNELL

1 Frühlingszwiebel
130 g Cheddar
130 g Gruyère
4 große Scheiben helles, knuspriges Weizenbrot
1–2 EL weiche Butter
2 EL Preiselbeeren (aus dem Glas)

1 Die Frühlingszwiebel putzen, waschen und trocken tupfen. Die weißen und hellgrünen Teile fein hacken. Beide Käsesorten reiben und mischen, 3 EL Käsemischung beiseitestellen. Die Brotscheiben aufeinanderlegen und quer dritteln, sodass zwölf kleine Scheiben entstehen. Alle Scheiben auf einer Seite mit Butter bestreichen.

2 Eine beschichtete Pfanne erhitzen, drei Brotscheiben mit der Butter nach unten hineinlegen. Nacheinander je die Hälfte Preiselbeeren, Käse und gehackte Frühlingszwiebel darauf verteilen. Je eine Scheibe Brot mit der Butterseite nach oben darauflegen, gut andrücken. Unterseite bei mittlerer Hitze knusprig bräunen. Wenden und die andere Seite bräunen, dabei ab und zu mit dem Pfannenwender andrücken. Herausnehmen. Die Hälfte des beiseitegestellten Käses in drei Häufchen (in Form der Toasts) in die Pfanne geben. Die Brote daraufsetzen, Käse goldgelb bräunen. Aus den übrigen Zutaten ebenso Toasts zubereiten. Mit dem Käse nach oben servieren.

Für 20 Stück • 50 Min. Zubereitung • 15 Min. Kochen • Pro Stück ca. 110 kcal, 2 g E, 7 g F, 11 g KH

KARTOFFELPUFFER

WINTER-REZEPT

FÜR DAS KOMPOTT

500 g Birnen
2 Zweige Thymian
4 EL Zitronensaft

FÜR DIE PUFFER

1,2 kg vorwiegend festkochende Kartoffeln
1 Zwiebel
2 Eier
2 EL Speisestärke
Salz, Pfeffer
frisch geriebene Muskatnuss
6–8 EL Butterschmalz

AUSSERDEM

1 sauberes Küchentuch

AUFBEWAHRUNGS-TIPP
Das Birnenkompott kann man sehr gut vorbereiten und in einem luftdicht verschlossenen Vorratsbehälter 3–4 Tage im Kühlschrank aufbewahren.

KOMPOTT: Die Birnen schälen und vierteln, die Kerngehäuse herausschneiden. Die Birnenviertel in feine Würfel schneiden. Den Thymian waschen. Birnen und Thymian mit dem Zitronensaft in einem Topf kurz aufkochen und zugedeckt bei mittlerer Hitze in 15 Min. weich kochen. Die Thymianzweige entfernen. Die Birnen mit einem Kartoffelstampfer zermusen, nach Belieben grob oder fein.

PUFFERMASSE: Die Kartoffeln schälen, waschen und fein reiben. In ein sauberes Küchentuch geben. Die Enden des Tuchs über den Kartoffeln zusammenfassen und fest eindrehen, um so viel Flüssigkeit wie möglich aus den Kartoffeln zu pressen (die Kartoffelmasse sollte trocken sein). Die Zwiebel schälen und ebenfalls fein reiben. Mit Kartoffeln, Eiern und Stärke in einer Schüssel gut vermischen. Die Masse mit Salz, Pfeffer und Muskatnuss kräftig würzen.

BRATEN: Das Butterschmalz in einer breiten Pfanne erhitzen. Pro Puffer 1 ½–2 EL Kartoffelmasse hineingeben, leicht flach drücken und auf jeder Seite in 3–4 Min. goldbraun ausbacken. Auf einem mit Küchenpapier belegten Kuchengitter abtropfen lassen. Mit dem Birnenkompott servieren.

Für 2 Personen • 45 Min. Zubereitung • 30 Min. Ruhen • Pro Portion ca. 360 kcal, 4 g E, 25 g F, 30 g KH

POMMES FRITES

KLASSIKER

500 g mehligkochende Kartoffeln
Salz

AUSSERDEM
1,5 l Frittieröl
Küchenthermometer

1 Die Kartoffeln schälen und in pommesgroße, dünne Stifte schneiden. Die Kartoffelstifte 15 Min. in kaltes Wasser legen. Abgießen und nochmals kalt abspülen. Zwischen Küchenpapier gut trocken tupfen, damit beim Frittieren kein Wasser ins heiße Öl tropft.

2 Das Öl in der Fritteuse oder einem Topf auf 135° erhitzen, im Topf die Temperatur dafür mit dem Küchenthermometer kontrollieren. Die Kartoffelstifte portionsweise 6 Min. vorfrittieren, dabei zwischendurch immer wieder die Temperatur kurz kontrollieren. Die vorfrittierten Pommes mit einer Schaumkelle herausheben und auf Küchenpapier 15 Min. ruhen lassen.

3 Das Öl auf 175° erhitzen und die vorfrittierten Pommes darin portionsweise in 3–4 Min. goldbraun frittieren. Mit einer Schaumkelle herausheben, gut abtropfen lassen und eventuell nochmals kurz auf Küchenpapier legen. Mit etwas Salz mischen und heiß genießen.

Für 16 Stück • 25 Min. Zubereitung • Pro Stück ca. 165 kcal, 3 g E, 13 g F, 7 g KH

AVOCADO FRIES

EXOTISCH

20 g gehackte Haselnusskerne
100 g Panko (jap. Semmelbrösel, Asialaden)
50 g Mehl
Salz, Pfeffer
2 Eier
2 feste Avocados
6 EL Butterschmalz

AUSSERDEM

1 Zitrone (nach Belieben)
5 EL Sweet Chilisauce (Fertigprodukt; nach Belieben)

1 Haselnüsse und Panko in einer Schüssel mischen. Das Mehl in eine zweite Schüssel geben und mit Salz und Pfeffer würzen. Die Eier in einer dritten Schüssel gut verquirlen.

2 Die Avocados längs halbieren und jeweils den Kern entfernen. Die Avocadohälften schälen, jede Hälfte in vier Spalten schneiden. Die Avocadospalten nacheinander zuerst im Mehl wenden, dann in den Eiern und zum Schluss in der Panko-Haselnuss-Mischung.

3 In einer Pfanne 3 EL Butterschmalz erhitzen. Die Hälfte der Avocadospalten darin portionsweise bei mittlerer Hitze in ca. 2 Min. pro Seite goldgelb ausbacken, herausheben und auf einem mit Küchenpapier belegten Kuchengitter abtropfen lassen. Übriges Butterschmalz (3 EL) in der Pfanne erhitzen und die restlichen Avocadospalten ebenso ausbacken. Die Avocado Fries nach Belieben mit Zitronensaft beträufeln und in Sweet Chilisauce dippen.

SNACKS AROUND THE WORLD

Für 9 Stück • 50 Min. Zubereitung • 20 Min. Kochen • Pro Stück ca. 200 kcal, 7 g E, 9 g F, 22 g KH

ARANCINI

AUS SIZILIEN

1 Schalotte
50 g Parmesan
500 ml Gemüsebrühe
1 EL Olivenöl
125 g Risotto-Reis (z. B. Arborio)
70 g TK-Erbsen
Salz
40 g Kochschinken
50 g Mehl
70 g Semmelbrösel
1 Ei

AUSSERDEM

1,5 l Frittieröl

1 Schalotte fein würfeln. Parmesan fein reiben. Brühe erhitzen. Olivenöl in einem Topf erhitzen, Schalotte darin glasig dünsten. Reis unter Rühren 1 Min. mitdünsten. So viel Brühe angießen, bis der Reis bedeckt ist. Unter häufigem Rühren in ca. 20 Min. bissfest köcheln, dabei immer wieder Brühe angießen. Erbsen und Parmesan unterrühren, salzen und abkühlen lassen.

2 Schinken fein würfeln. Mehl und Semmelbrösel je in eine Schüssel geben. Ei in einer dritten Schüssel verquirlen. Schinken unter den Reis mengen. Mit angefeuchteten Händen je 2 EL Reis zur Kugel formen, diese dann zum Kegel. Kegel erst in Mehl wenden, dann in Ei und zuletzt in Semmelbröseln.

3 Das Öl in einer Fritteuse oder einem hohen Topf auf 170° erhitzen. Im Topf ist es heiß genug, wenn an einem hineingehaltenen Holzkochlöffelstiel sofort Bläschen aufsteigen. Höchstens drei Arancini auf einmal im Öl in 3–4 Min. goldbraun frittieren. Mit einer Schaumkelle herausheben und auf einem mit Küchenpapier belegten Kuchengitter abtropfen lassen.

Für 12 Stück • 30 Min. Zubereitung • 10 Min. Backen • Pro Stück ca. 165 kcal, 6 g E, 9 g F, 15 g KH

GRATINIERTE CROSTINI

ITALIENISCH

100 g Blattspinat
1–2 Knoblauchzehen
1 EL Olivenöl
Salz, Pfeffer
25 g Pinienkerne
120 g würziger Käse (z. B. Pecorino oder Bergkäse)
1 TL abgeriebene Schale von 1 Bio-Zitrone
175 g Frischkäse
1 Baguette (300 g)

1 Spinat verlesen, waschen und gut trocken schleudern, grobe Stiele entfernen. Knoblauch schälen und fein hacken. Olivenöl in einer Pfanne erhitzen und den Spinat darin unter Rühren bei mittlerer Hitze zusammenfallen lassen. Knoblauch unterrühren. Pfanne vom Herd nehmen, Spinat mit Salz und Pfeffer würzen und abkühlen lassen. Pinienkerne in einer Pfanne ohne Fett bei mittlerer Hitze goldbraun rösten, dann auf einem Teller abkühlen lassen. Käse grob reiben.

2 Backofen auf 230° (Oberhitze oder Grillstufe) vorheizen. Ein Backblech mit Backpapier auslegen. Spinat grob hacken und mit Pinienkernen, Käse, Zitronenschale und Frischkäse gut vermischen. Baguette in zwölf sehr schräge Scheiben schneiden und diese auf das Blech legen. Die Spinatmasse gleichmäßig auf den Scheiben verstreichen. Die Brote im Ofen (Mitte) 7–10 Min. gratinieren. Kurz abkühlen lassen und noch warm servieren.

Für 15 Stück • 40 Min. Zubereitung • 20 Min. Backen • Pro Stück ca. 150 kcal, 3 g E, 11 g F, 11 g KH

ZWIEBELTARTE

MEDITERRAN

400 g rote Zwiebeln
3 EL Olivenöl
Salz
3 EL Zucker
4 EL Aceto balsamico
1 Pck. Blätterteig (275 g, rechteckig ausgerollt auf Backpapier; Kühlregal)
125 g halbfester Blauschimmelkäse (z. B. Roquefort, Gorgonzola, Danablu)

1 Zwiebeln schälen, in ca. 1 cm breite Spalten schneiden. Olivenöl in einer Pfanne erhitzen und Zwiebeln bei mittlerer Hitze 10 Min. glasig dünsten. Salzen, mit Zucker bestreuen und Aceto einrühren. Unter gelegentlichem Rühren 10 Min. bei niedriger Hitze weich schmoren.

2 Ein Backblech in den Backofen (Mitte) schieben. Den Ofen auf 200° vorheizen. Blätterteig auf der Arbeitsfläche entrollen, dabei das Backpapier belassen. Blätterteig in 15 gleich große Rechtecke (à ca. 8,5 × 7,5 cm) schneiden. Rundherum mit einem Messer je einen 1,5 cm breiten Rand anritzen, aber nicht durchschneiden! Teigfläche innerhalb des Randes mit einer Gabel mehrmals einstechen. Je ca. 1 EL Zwiebeln in die Mitte geben. Tarte mit dem Backpapier auf das Blech in den Ofen ziehen und in 20 Min. knusprig backen.

3 Käse zerkrümeln, auf den Tartestücken verteilen. Warm genießen oder abkühlen lassen. Käse dann erst zum Servieren daraufgeben.

Für 12 Stück • 50 Min. Zubereitung • Pro Stück ca. 160 kcal, 6 g E, 11 g F, 8 g KH

FETA IM BACKTEIG MIT SALSA

GRIECHISCH

FÜR DIE SALSA
600 g Tomaten
½ Zwiebel
1 Knoblauchzehe
1 EL Olivenöl
50 g schwarze Oliven (entsteint)
Salz

FÜR DEN FETA
2 Schafskäse (Feta, à 150 g Abtropfgewicht)
50 g Vollkorn-Weizenmehl
180 ml Bier
Salz, Pfeffer
60 g Maisgrieß
1 TL gerebelter Oregano

AUSSERDEM
1,5 l Frittieröl

SALSA: Die Tomaten waschen, trocken tupfen, halbieren und entkernen. Das Fruchtfleisch in kleine Würfel schneiden. Die Zwiebel und den Knoblauch schälen und jeweils in feine Würfel schneiden. Das Olivenöl in einer Pfanne erhitzen und die Zwiebel darin bei mittlerer Hitze glasig dünsten. Knoblauch und Tomaten hinzufügen und alles 6–7 Min. weiterdünsten. Nebenher die Oliven fein würfeln. Die Oliven unter die Tomatenmischung rühren und alles mit Salz würzen.

FETA: Den Feta trocken tupfen und in zwölf gleich große Stücke schneiden. Für den Backteig das Mehl mit dem Bier in einer Schüssel verquirlen, mit Salz und Pfeffer würzen. Den Maisgrieß und den Oregano in einer zweiten Schüssel mischen, mit Salz würzen. Den Feta zuerst in den Backteig tauchen, etwas abtropfen lassen und dann im Maisgrieß wenden.

FRITTIEREN: Das Frittieröl in einer Fritteuse oder einem hohen Topf auf 175° erhitzen. Im Topf ist es heiß genug, wenn an einem hineingehaltenen Holzkochlöffelstiel sofort größere Bläschen aufsteigen. Höchstens 3–4 Fetastücke auf einmal ins heiße Öl geben und in 1–2 Min. goldbraun frittieren. Mit einer Schaumkelle herausnehmen und auf einem mit Küchenpapier belegten Kuchengitter abtropfen lassen. Mit Salsa servieren.

Für 50 Stück • 30 Min. Zubereitung • 1 Std. Kühlen • 45 Min. Backen • Pro Stück ca. 40 kcal, 1 g E, 2 g F, 5 g KH

OLIVEN-SABLÉS

FRANZÖSISCH

30 g grüne Oliven (entsteint)
30 g schwarze Oliven (entsteint)
120 g weiche Butter
35 g Puderzucker
Salz
250 g Mehl
½–1 TL Chiliflocken

AUSSERDEM

Mehl zum Ausrollen
1 runder Ausstecher (4 cm ∅)

1 Beide Olivensorten abgießen, trocken tupfen, fein hacken und nochmals trocken tupfen. Butter, Puderzucker und 1 Prise Salz in einer Schüssel mit den Quirlen des Handrührgeräts cremig schlagen. Mehl mit Oliven und Chiliflocken mischen und unter die Buttermasse rühren. Alles mit den Händen zügig zu einem glatten Teig verkneten. Teig in Frischhaltefolie wickeln und 1 Std. in den Kühlschrank stellen.

2 Den Backofen auf 200° vorheizen. Drei Backbleche mit Backpapier auslegen. Teig auf wenig Mehl etwa 3 mm dünn ausrollen. Mit dem Ausstecher Kreise ausstechen und diese auf die Bleche legen.

3 Die Oliven-Sablés blechweise nacheinander im Ofen (Mitte) in je 13–15 Min. goldbraun backen (bei Verwendung von Umluft zwei Bleche gleichzeitig in den Ofen schieben). Kekse vom Blech nehmen und auf einem Kuchengitter abkühlen lassen.

Für 4 Personen • 30 Min. Zubereitung • 10 Min. Backen • Pro Portion ca. 630 kcal, 31 g E, 35 g F, 45 g KH

ÜBERBACKENE NACHOS

MEXIKANISCH

2 Knoblauchzehen
1 EL Olivenöl
250 g Rinderhackfleisch
Salz
1 Dose Kidneybohnen (250 g Abtropfgewicht)
1 Dose Mais (140 g Abtropfgewicht)
100 g Tomaten
1 kleine rote Zwiebel
120 g Cheddar
150 g Tortillachips (gesalzen)
½ Bund Koriandergrün (ersatzweise Petersilie)
80 g saure Sahne

1 Backofen auf 220° vorheizen. Ein Backblech mit Backpapier auslegen. Knoblauch schälen und fein würfeln. Olivenöl in einer Pfanne erhitzen und Hackfleisch darin unter Wenden krümelig und braun braten. Knoblauch unterrühren. Masse mit Salz würzen.

2 Bohnen und Mais in ein Sieb abgießen, abbrausen und abtropfen lassen. Tomaten waschen und klein würfeln, dabei Stielansätze entfernen. Zwiebel schälen und fein würfeln. Cheddar reiben.

3 Tortillachips auf dem Backblech verteilen. Hackfleisch, Bohnen, Mais, Tomaten- und Zwiebelwürfel darüber verteilen. Mit dem Käse bestreuen und im Ofen (Mitte) 10 Min. überbacken.

4 Inzwischen Koriander waschen, trocken schütteln und mit den zarten Stielen grob hacken. Saure Sahne cremig rühren und mit dem Koriander über die überbackenen Nachos verteilen. Heiß genießen.

BÖREKRÖLLCHEN MIT LAMMHACK

ORIENTALISCH

Für 12 Stück • 30 Min. Zubereitung • 25 Min. Backen • Pro Stück ca. 165 kcal, 7 g E, 10 g F, 14 g KH

1 Zwiebel
2 Knoblauchzehen
8 Stiele glatte Petersilie
2 EL Olivenöl
300 g Lammhackfleisch (z. B. aus dem türk. Lebensmittelgeschäft)
2 TL gemahlener Kreuzkümmel
2 TL gemahlener Koriander
4 EL Tomatenmark
Salz
240 g Filoteig

AUSSERDEM
Olivenöl zum Bestreichen des Teigs

GU CLOU

Goldbraun und knusprig ganz ohne Braten oder Frittieren? Die Böreköllchen zeigen, wie es geht: Bestreicht man einzelne Teigschichten jeweils dünn mit Öl, wird's hinterher auch im Ofen superknusprig!

FÜLLUNG: Die Zwiebel schälen und in feine Würfel schneiden. Den Knoblauch schälen. Die Petersilie waschen und trocken schütteln, die Blätter abzupfen und fein hacken. Das Olivenöl in einer großen Pfanne erhitzen und das Lammhackfleisch darin unter Rühren in ca. 8 Min. krümelig braten (Bild 1). Die Zwiebel dazugeben und den Knoblauch hineinpressen. Kreuzkümmel, Koriander und Tomatenmark dazugeben. Alles gut verrühren und 2 Min. weiterbraten. Die Masse mit Salz würzen und etwas abkühlen lassen.

ROLLEN: Den Backofen auf 200° vorheizen. Ein Backblech mit Backpapier auslegen. Den Filoteig in gleich große Quadrate (à 15 × 15 cm) schneiden (Bild 2). Pro Böreköllchen eine Lage Filoteig dünn mit Olivenöl bestreichen, mit einer zweiten Lage Teig abdecken und diese ebenfalls dünn bestreichen. Eine dritte Lage Teig darauflegen (Bild 3). Das untere Drittel des Teigs flach mit Füllung belegen, dabei rechts und links je ca. 1 cm Rand frei lassen, den Rand umschlagen (Bild 4). Den Teig von unten nach oben eng aufrollen (Bild 5).

BACKEN: Die Röllchen mit der Nahtseite nach unten auf das Blech setzen, dünn mit Olivenöl bestreichen und im Ofen (Mitte) in 20–25 Min. knusprig backen (Bild 6). Heiß genießen oder auf einem Kuchengitter abkühlen lassen.

Für 16 Stück • 45 Min. Zubereitung • 30 Min. Quellen • Pro Stück ca. 70 kcal, 4 g E, 4 g F, 5 g KH

TEMPURA-GARNELEN

JAPANISCH

1 Ei
60 g Mehl
50 g Speisestärke
Salz
1 TL Backpulver
16 große Garnelen (mit Schale, à 15 g; z. B. Black-Tiger-Garnelen)

AUSSERDEM
1,5 l Frittieröl

TEIG: Das Ei gut verquirlen und mit 100 ml eiskaltem Wasser verrühren. Mehl, Stärke, ½ TL Salz und Backpulver in einer Schüssel mischen. Die kalte Ei-Wasser-Mischung mit einem Schneebesen unterrühren – nicht zu lange rühren, sonst wird der Teig zäh, ein paar Klümpchen sind nicht schlimm. Den Teig im Kühlschrank 30 Min. quellen lassen.

GARNELEN: Die Garnelen waschen und trocken tupfen. Jeweils die Schale entfernen, dabei den kurzen Schwanzteil daran lassen. Mit einem Messer längs am Rücken einschneiden und den Darm entfernen. Am Bauch vier bis fünf nicht zu tiefe Querschnitte machen. Die Garnelen vorsichtig gerade ziehen und nochmals trocken tupfen.

FRITTIEREN: Das Frittieröl in einer Fritteuse oder einem hohen Topf auf 175° erhitzen. Im Topf ist es heiß genug, wenn an einem hineingehaltenen Holzkochlöffelstiel sofort größere Bläschen aufsteigen. Die Garnelen nacheinander in den Teig tauchen, direkt ins heiße Fett geben und in ca. 1–2 Min. goldbraun frittieren. Fertig frittierte Garnelen mit einer Schaumkelle herausheben und auf einem mit Küchenpapier belegten Kuchengitter abtropfen lassen.

PARTYSNACKS

Für 4 Personen • 35 Min. Zubereitung • 10 Min. Kochen • Pro Portion ca. 505 kcal, 8 g E, 32 g F, 45 g KH

NUDELCHIPS MIT AVOCADODIP

FÜR GÄSTE

FÜR DEN AVOCADODIP
1 Avocado
1 TL Zitronensaft
4 Stiele Basilikum
2 Stiele Petersilie
½ Knoblauchzehe
Salz, Pfeffer
3 EL Olivenöl

FÜR DIE NUDELCHIPS
250 g Farfalle (Schleifennudeln)
Salz

AUSSERDEM
2 saubere Küchentücher
1,5–2 l Frittieröl

AVOCADODIP: Die Avocado halbieren und den Kern entfernen. Das Fruchtfleisch mit einem Löffel herauslösen und in einer Schüssel mit einer Gabel fein zermusen. Den Zitronensaft unterrühren. Das Basilikum und die Petersilie waschen und trocken schütteln, die Blätter abzupfen. Die Knoblauchzehe schälen und fein hacken. Kräuterblätter und Knoblauch mit etwas Salz und Pfeffer in einem Mörser zerstoßen. Das Olivenöl nach und nach dazugeben und alles zu einer glatten Paste verarbeiten. Die Paste unter das Avocadomus rühren. Den Dip in eine kleine Schüssel füllen und abgedeckt kalt stellen.

NUDELN: Die Farfalle in reichlich kochendem Salzwasser nach Packungsanweisung bissfest kochen. In ein Sieb abgießen, kurz kalt abbrausen und gut abtropfen lassen. Dann die Nudeln zwischen zwei sauberen Küchentüchern (kein Küchenpapier!) trocken tupfen.

FRITTIEREN: Das Frittieröl in einer Fritteuse oder einem hohen Topf auf 175° erhitzen. Im Topf ist es heiß genug, wenn an einem hineingehaltenen Holzkochlöffelstiel sofort größere Bläschen aufsteigen. Die Nudeln portionsweise ins heiße Fett geben und in ca. 1 Min. 30 Sek. knusprig frittieren. Mit einer Schaumkelle herausheben und in eine mit Küchenpapier ausgelegte Schüssel geben. Mit dem Dip servieren.

Für 4 Personen • 30 Min. Zubereitung • 40 Min. Backen • Pro Portion ca. 130 kcal, 1 g E, 10 g F, 8 g KH

BUNTE GEMÜSECHIPS

BALLASTSTOFFREICH

FÜR DIE GEMÜSECHIPS

400 g Wurzelgemüse (z. B. Rote Bete, Pastinake, Möhre)
3–4 EL Olivenöl (ersatzweise Rapsöl)

FÜR DAS ROSMARINSALZ

1 Zweig Rosmarin
1–2 TL Meersalz

> **FÜR SAUBERE FINGER**
> Rote Bete am besten immer mit Einweghandschuhen und getrennt von dem anderen Gemüse verarbeiten, da sie sehr stark färbt und die Farbe hartnäckig an der Haut haftet.

VORBEREITUNG: Für die Gemüsechips den Backofen auf 140° vorheizen. Das Gemüse putzen, schälen und mit einem Gemüsehobel oder einem scharfen Messer in dünne Scheiben schneiden. Die Scheiben mit Küchenpapier gut trocken tupfen, dann in einer Schüssel mit dem Olivenöl gut vermischen. Zwei Backbleche mit Backpapier auslegen und die Gemüsescheiben einlagig darauf verteilen, je nach Dicke der Scheiben ist dafür eventuell noch ein drittes Blech nötig.

BACKEN: Die Gemüsechips blechweise nacheinander backen. Dafür je ein Blech in den Ofen (Mitte) schieben (bei Verwendung von Umluft zwei Bleche gleichzeitig in den Ofen schieben). Einen Holzkochlöffelstiel in die Ofentür klemmen, damit Dampf entweichen kann. Die Chips in 30–40 Min. knusprig backen, dabei nach der Hälfte der Backzeit die Scheiben einmal wenden.

ROSMARINSALZ: Inzwischen für das Rosmarinsalz den Rosmarin waschen und trocken tupfen. Die Nadeln abzupfen, fein hacken und mit dem Meersalz mischen. Fertige Gemüsechips aus dem Ofen nehmen und in einer Schüssel vorsichtig mit dem Salz mischen. Beim Abkühlen werden die Chips noch etwas knuspriger. In einem luftdicht schließenden Vorratsbehälter aufbewahren, so bleiben sie einige Tage knusprig.

Für 36 Stück • 25 Min. Zubereitung • 1 Std. Kühlen • 24 Min. Backen • Pro Stück ca. 55 kcal, 1 g E, 4 g F, 4 g KH

ROSMARIN-MOHN-CRACKER

FÜR GÄSTE

2 Zweige Rosmarin
80 g Bergkäse
200 g Mehl
Salz
120 g kalte Butter
3 EL Mohnsamen

1 Rosmarin waschen und trocken schütteln, Nadeln abzupfen und fein hacken. Käse fein reiben. Mehl und 1 Prise Salz in einer Schüssel mischen. Butter in Stückchen hinzufügen und alles mit den Knethacken des Handrührgeräts krümelig vermischen. Rosmarin, Käse und 2 TL kaltes Wasser dazugeben und alles zügig zu einem glatten Teig verkneten. Zum Schluss zügig den Mohn unterkneten. Den Teig zu einer ca. 18 cm langen Rolle formen, dabei darauf achten, dass er kompakt ist und keine Luftlöcher hat. Die Teigrolle in Frischhaltefolie wickeln und 1 Std. kalt stellen.

2 Backofen auf 200° vorheizen. Zwei Backbleche mit Backpapier auslegen. Teigrolle aus der Folie wickeln und mit einem Messer in 36 etwa 0,5 cm dicke Scheiben schneiden, diese auf die Bleche legen. Blechweise nacheinander im Ofen (Mitte) in ca. 12 Min. goldbraun backen (bei Verwendung von Umluft zwei Bleche gleichzeitig in den Ofen schieben). Auf einem Kuchengitter auskühlen lassen.

Für 4 Personen • 10 Min. Zubereitung • Pro Portion ca. 105 kcal, 2 g E, 3 g F, 17 g KH

BOLLYWOOD-POPCORN

EXOTISCH

1 EL Kokosöl
50 g Popcornmais
30 g Zucker
2 TL scharfes Currypulver
Salz

1 Das Kokosöl mit drei Maiskörnern in einem großen, schweren Topf mit geschlossenem Deckel bei mittlerer bis hoher Hitze erhitzen. Zucker, Currypulver und ½–1 TL Salz mischen. Sobald die drei Maiskörner gepoppt sind, den Topf kurz vom Herd ziehen. Restliche Maiskörner in den Topf geben und den Deckel wieder aufsetzen. Zurück auf den Herd stellen und die Maiskörner 1 ½–2 ½ Min. poppen lassen. Dabei zwischendurch den Topf immer wieder kurz durchschütteln, damit alle Körner gleichmäßig poppen.

2 Wenn das Poppen weniger wird und es längere Pausen gibt, den Topf vom Herd ziehen. Warten, bis kein Poppen mehr zu hören ist, dann den Deckel abnehmen, die Gewürzmischung in den Topf geben und alles mit einem Kochlöffel verrühren. Zurück auf den Herd stellen und das Popcorn bei niedriger Hitze (oder der Resthitze) rühren, bis es von der Gewürzmischung goldgelb überzogen ist. Zum Abkühlen auf einem Backblech verteilen, so bleibt es knusprig.

Für 4 Personen • 15 Min. Zubereitung • 10 Min. Backen • Pro Portion ca. 340 kcal, 9 g E, 26 g F, 19 g KH

SPICY CASHEWS

SCHNELL

1 ½ EL Butter
1 EL Sriracha-Sauce (thail. scharfe Chilisauce)
1 ½ TL Honig
½ TL geräuchertes Paprikapulver
½ TL Knoblauchgranulat
Salz
200 g Cashewkerne

1 Backofen auf 180° vorheizen. Ein Backblech mit Backpapier auslegen. Butter in einem kleinen Topf zerlassen, dann mit Sriracha-Sauce, Honig, Paprikapulver, Knoblauchgranulat und 1 TL Salz in einer Schüssel mit einem Schneebesen zu einer Marinade verrühren.

2 Die Cashewkerne zur Marinade geben und alles gut vermischen. Die Nussmischung auf dem Blech verteilen und im Ofen (Mitte) 5 Min. backen. Dann mit einem Kochlöffel durchrühren, wieder gut verteilen und weitere 5 Min. backen.

3 Das Blech auf ein Kuchengitter stellen und die Nüsse darauf auskühlen lassen. Luftdicht verschlossen bleiben die Nüsse bis zu 5 Tage knusprig, sollten aber wegen der Butter nicht länger gelagert werden. Wer die Menge für eine Party erhöht, sollte für ein gutes Röstergebnis darauf achten, nie mehr als die einfache Menge auf ein Blech zu geben.

Für 8 Personen • 25 Min. Zubereitung • 1 Std. Backen • Pro Portion ca. 350 kcal, 12 g E, 28 g F, 14 g KH

GEBRANNTE MISOMANDELN

GUT VORZUBEREITEN

FÜR DIE MISOSAUCE
3 EL weiße Misopaste
40 g Zucker
80 ml naturtrüber Apfelsaft
½ Zitrone

FÜR DIE MARINADE
2 EL Zucker
Salz
2 TL scharfes Currypulver
2 TL rosenscharfes Paprikapulver
400 g Mandeln

1 Für die Sauce Misopaste, Zucker und Apfelsaft in einem kleinen Topf unter Rühren aufkochen, dann bei reduzierter Hitze 5 Min. einköcheln lassen. Den Zitronensaft auspressen, hinzufügen und alles unter gelegentlichem Rühren 8 Min. weiterköcheln. Backofen auf 100° (Umluft) vorheizen. Zwei Backbleche mit Backpapier auslegen.

2 Für die Marinade 4 EL Misosauce mit Zucker, 1 TL Salz, Curry- und Paprikapulver in einer Schüssel mit einem Schneebesen verrühren. Die restliche Sauce hält sich bis zu 1 Monat im Kühlschrank und kann z. B. für Saucen zu asiatischen Gerichten verwendet werden.

3 Mandeln gut mit der Marinade mischen, auf den Blechen verteilen und im Ofen (unten und Mitte) 40 Min. backen. Mit einem Kochlöffel durchrühren, wieder gut verteilen und weitere 20 Min. backen. Bleche auf Kuchengitter stellen und Mandeln auskühlen lassen. Luftdicht verschlossen bleiben die Mandeln bis zu 10 Tage knusprig.

Für 12 Stück • 45 Min. Zubereitung • Pro Stück ca. 135 kcal, 5 g E, 9 g F, 8 g KH

MINI-CAMEMBERTS

KLASSIKER

FÜR DIE HEIDELBEERSAUCE

200 g TK-Heidelbeeren
1 Schalotte
1 EL Öl
1 EL Zucker
1 Sternanis
40 ml Rotweinessig

FÜR DIE CAMEMBERTS

150 g Camembert (möglichst fest und gekühlt)
2 Eier
Salz, Pfeffer
100 g Vollkorn-Semmelbrösel

AUSSERDEM

1 l Frittieröl

AUFBEWAHRUNGS-TIPP
Die Heidelbeersauce kann man sehr gut vorbereiten und abgedeckt 3–4 Tage im Kühlschrank aufbewahren.

HEIDELBEERSAUCE: Die Heidelbeeren antauen lassen. Die Schalotte schälen und in feine Würfel schneiden. Das Öl in einem kleinen Topf erhitzen und die Schalottenwürfel darin glasig anschwitzen. Heidelbeeren, Zucker und Sternanis dazugeben. Mit dem Rotweinessig ablöschen und die Sauce unter Rühren 5–6 Min. einköcheln lassen. Den Topf vom Herd nehmen und die Sauce auskühlen lassen. Sternanis entfernen.

PANIEREN: Den Camembert in zwölf etwa gleich große Stücke schneiden. Die Eier in einer Schüssel verquirlen und mit Salz und Pfeffer würzen. Die Semmelbrösel in eine zweite Schüssel geben. Die Camembertstücke nacheinander erst in die Eiermischung tauchen und dann in den Semmelbröseln wenden. Diesen Vorgang nochmals wiederholen, die Stücke sind danach doppelt paniert. Bis zum Frittieren kalt stellen.

FRITTIEREN: Das Frittieröl in einer Fritteuse oder einem kleinen, hohen Topf auf 175° erhitzen. Im Topf ist es heiß genug, wenn an einem hineingehaltenen Holzkochlöffelstiel sofort größere Bläschen aufsteigen. Höchstens drei Käsestücke auf einmal ins heiße Fett geben und in ca. 50 Sek. goldbraun frittieren. Mit einer Schaumkelle herausheben und auf einem mit Küchenpapier belegten Kuchengitter abtropfen lassen.

ANRICHTEN: Die warmen Mini-Camemberts sofort mit der Heidelbeersauce servieren und genießen.

Für 36 Stück • 45 Min. Zubereitung • 15 Min. Kochen • Pro Stück ca. 55 kcal, 2 g E, 3 g F, 5 g KH

KARTOFFEL-KÄSE-BÄLLCHEN

FÜR KINDER

FÜR DEN KARTOFFELTEIG

400 g mehligkochende Kartoffeln
Salz
1 EL Butter
50 ml Milch
Pfeffer
frisch geriebene Muskatnuss
100 g Bergkäse

FÜR DIE PANADE

4 Stiele Basilikum
100 g Panko (jap. Semmelbrösel, Asialaden)
80 g Mehl
2 Eier

AUSSERDEM

1–1,5 l Frittieröl

KARTOFFELN: Die Kartoffeln schälen, waschen und in grobe Würfel schneiden. Kartoffelwürfel in reichlich Salzwasser in ca. 15 Min. gar kochen. Inzwischen Butter und Milch in einem Topf erwärmen, bis die Butter geschmolzen ist. Die Kartoffeln in ein Sieb abgießen und anschließend zurück in den Topf geben. Die Milch-Butter-Mischung dazugießen und alles mit einem Kartoffelstampfer glatt zermusen. Die Kartoffelmasse mit Salz, Pfeffer und Muskatnuss würzen. Abkühlen lassen.

PANADE: Das Basilikum waschen und trocken schütteln. Die Blätter abzupfen, fein hacken und mit dem Panko in einer Schüssel gut vermischen. Das Mehl in eine zweite Schüssel geben. Die Eier in einer dritten Schüssel gut verquirlen.

FORMEN: Den Bergkäse grob reiben und mit der abgekühlten Kartoffelmasse mischen, nach Geschmack nochmals mit Salz und Pfeffer würzen. Aus dem Kartoffelteig mit leicht befeuchteten Händen ca. 36 walnussgroße Bällchen rollen. Diese nacheinander jeweils zuerst im Mehl rollen, dann in den Eiern und zum Schluss in der Pankomischung.

FRITTIEREN: Das Frittieröl in einer Fritteuse oder einem kleinen, hohen Topf auf 175° erhitzen. Im Topf ist es heiß genug, wenn an einem hineingehaltenen Holzkochlöffelstiel sofort größere Bläschen aufsteigen. Höchstens 3–4 Bällchen auf einmal ins heiße Fett geben und in 50–60 Sek. goldbraun frittieren. Mit einer Schaumkelle herausheben und auf einem mit Küchenpapier belegten Kuchengitter abtropfen lassen.

Für 18 Stück • 40 Min. Zubereitung • Pro Stück ca. 250 kcal, 9 g E, 19 g F, 10 g KH

SCHNITZELCHEN MIT MAYO

FÜRS BÜFETT

FÜR DIE MAYONNAISE

1 Bio-Limette
250 g Mayonnaise
150 g Joghurt
Salz
Piment d'Espelette

FÜR DIE SCHNITZEL

500 g Hähnchenbrustfilet (oder Schweinelende)
Salz, Pfeffer
150 g Knäckebrot
80 g Mehl
2 Eier
6–8 EL Butterschmalz

AUSSERDEM

1 Gefrierbeutel

MAYONNAISE: Die Limette heiß waschen und trocken reiben. 2 TL Schale fein abreiben und 2 TL Saft auspressen. Beides mit Mayonnaise und Joghurt gut verrühren und mit Salz und Piment d'Espelette würzen. Abgedeckt kalt stellen.

SCHNITZEL: Das Fleisch gegen die Faser in ca. 18 dünne Scheiben schneiden. Die Scheiben zwischen zwei Stücke Frischhaltefolie legen und mit einem Fleischklopfer oder einer schweren Pfanne plattieren. Auf beiden Seiten mit Salz und Pfeffer würzen.

PANIEREN: Das Knäckebrot in einen Gefrierbeutel füllen, durch Darüberrollen mit einem Nudelholz fein zermahlen und in eine Schüssel füllen. Das Mehl in eine zweite Schüssel geben. Die Eier in einer dritten Schüssel gut verquirlen. Die Fleischscheiben nacheinander jeweils zuerst im Mehl wenden, dann in den Eiern und zum Schluss in den Knäckebrotbröseln.

AUSBACKEN: Das Butterschmalz in einer breiten Pfanne erhitzen. Nicht zu viele Schnitzel ins heiße Fett geben und auf jeder Seite in 2–3 Min. goldbraun ausbacken, dabei die Pfanne immer wieder leicht schwenken. Die Mini-Schnitzel auf einem mit Küchenpapier belegten Kuchengitter abtropfen lassen und im Ofen warm halten. Mit der Mayonnaise servieren.

SÜSS & CRUNCHY

Für 12 Stück • 30 Min. Zubereitung • 25 Min. Backen • Pro Stück ca. 180 kcal, 4 g E, 9 g F, 20 g KH

MÜSLIRIEGEL MIT SCHOKOLADE

ZUCKERARM

50 g Cornflakes (ungesüßt)
50 g Kokosflocken
50 g gepuffte Quinoa
100 g feine Haferflocken
50 g Sonnenblumenkerne
50 g getrocknete Cranberrys
2 Eiweiß
Salz
3 EL Kokosöl
3 EL Ahornsirup
1 TL Zimtpulver
50 g Vollmilchschokolade

AUSSERDEM
1 rechteckige Backform (21 × 21 cm)

MÜSLIBRÖSEL ALS GRANOLA
Da die Riegel sehr knusprig sind, bröseln sie beim Schneiden etwas. Abgefallene Müslibrösel einfach in eine Dose füllen und als Granola benutzen.

1 Den Backofen auf 200° vorheizen. Die Cornflakes und die Kokosflocken grob zerbröseln und mit Quinoa, Haferflocken, Sonnenblumenkernen und Cranberrys in einer Schüssel mischen. Die Eiweiße mit 1 Prise Salz steif schlagen. Das Kokosöl in einem kleinen Topf zerlassen und mit Ahornsirup und Zimt unter den Eischnee rühren. Die Mischung über die trockenen Zutaten geben und alles sehr gut vermischen.

2 Die Müslimischung in die Backform füllen, mit leicht angefeuchteten Händen gleichmäßig darin verteilen und sehr fest andrücken. Die Masse soll sehr stark komprimiert werden, damit sie später gut zusammenhält. Die Müsliplatte im Ofen (Mitte) in 20–25 Min. knusprig backen. Dann vorsichtig aus der Form auf ein Schneidbrett stürzen und noch warm in zwölf Riegel schneiden. Die Riegel auf ein Kuchengitter legen und auskühlen lassen.

3 Die Schokolade grob hacken. Drei Viertel der Schokolade in einer Metallschüssel über einem warmen Wasserbad schmelzen. Die Schüssel vom Wasserbad nehmen und die übrige Schokolade einrühren. Die Müsliriegel auf Backpapier legen und mit der Schokolade besprenkeln. Die Schokolade fest werden lassen. In einer luftdicht verschlossenen Dose bleiben die Müsliriegel ca. 2 Wochen knusprig.

Für 8 Stücke • 40 Min. Zubereitung • Pro Stück ca. 215 kcal, 3 g E, 12 g F, 22 g KH

SCHOKO-SALZBREZEL-CRUNCH

GUT VORZUBEREITEN

60 g kleine Salzbrezeln
40 g Pistazien (geröstet und geschält)
40 g getrockneter Beerenmix (ersatzweise getrocknete Cranberrys)
200 g Zartbitterschokolade

1 Die Salzbrezeln grob zerbrechen. Die Pistazien und je nach Größe auch die Beeren grob hacken. Die Zartbitterschokolade ebenfalls hacken. Drei Viertel der Schokolade in einer Metallschüssel über einem warmen Wasserbad schmelzen. Die Schüssel vom Wasserbad nehmen und die übrige Schokolade einrühren.

2 Die Schokolade 5 mm dick auf Backpapier verstreichen, am besten mit einem Silikonspatel. Mit Salzbrezeln, Pistazien und Beeren bestreuen. Die Schokolade bei Zimmertemperatur fest werden lassen, dann in acht Stücke brechen. In einer luftdicht verschlossenen Dose hält sich der Crunch ca. 2 Wochen.

Für 30 Stück • 35 Min. Zubereitung • Pro Stück ca. 100 kcal, 2 g E, 6 g F, 9 g KH

ERDNUSSCROSSIES

NUSSIG

150 g Cornflakes (ungesüßt)
100 g Erdnusskerne (geröstet und gesalzen; ersatzweise andere Nusskerne)
300 g Zartbitterschokolade
2 EL cremiges Erdnussmus (z. B. aus dem Bioladen; nach Belieben)

1 Die Cornflakes grob zerbröseln. Die Erdnüsse grob hacken. Beides in einer Schüssel mischen. Die Schokolade ebenfalls grob hacken. Drei Viertel der Schokolade in einer Metallschüssel über einem warmen Wasserbad schmelzen. Die Schüssel vom Wasserbad nehmen und die übrige Schokolade einrühren.

2 Nach Belieben das Erdnussmus unter die Schokoladenmasse rühren (ohne Erdnussmuss werden die Crossies fester). Die Schokoladenmischung über die Cornflakes-Nuss-Mischung gießen und alles gut vermengen.

3 Die Crossiemasse mit zwei Teelöffeln als 30 Häufchen auf Backpapier setzen. Bei Zimmertemperatur fest werden lassen. In einer luftdicht verschlossenen Dose halten sich die Crossies ca. 1 Woche.

Für 4 Personen • 15 Min. Zubereitung • Pro Portion ca. 150 kcal, 5 g E, 11 g F, 7 g KH

KROKANT

EINFACH

50 g Mandeln
30 g Kürbiskerne
10 g Sesam
2 EL Ahornsirup
grobes Meersalz

1 Die Mandeln grob hacken und mit den Kürbiskernen in einer Pfanne bei mittlerer Hitze ca. 3 Min. anrösten. Auf einen großen flachen Teller geben. Den Sesam in die Pfanne geben und ca. 1 Min. rösten, dann zu Mandeln und Kürbiskernen auf den Teller geben.

2 Den Ahornsirup in die Pfanne geben und kurz aufkochen lassen. Mandeln, Kürbiskerne und Sesam dazugeben und alles mit einem Teigschaber aus Silikon verrühren. Etwas grobes Meersalz darüber zerbröseln und unterrühren. Die Flüssigkeit aus dem Ahornsirup unter Rühren in ca. 3 Min. verdampfen lassen, damit der Krokant knusprig wird.

3 Sobald die Masse trocken und glänzend wirkt, auf ein Stück Backpapier geben und gut verteilen. Den Krokant fest werden lassen und anschließend in Stücke brechen. Passt zu Eis und Desserts. In einer luftdicht verschlossenen Dose hält sich der Krokant ca. 1 Woche.

Für 24 Stück • 25 Min. Zubereitung • 1 Std. 15 Min. Kühlen • 30 Min. Backen • Pro Stück ca. 120 kcal, 2 g E, 5 g F, 17 g KH

GEWÜRZ-CANTUCCINI

FÜR WEIHNACHTEN

115 g zimmerwarme Butter
50 g feiner brauner Zucker
150 g Zuckerrübensirup
2 Eier (M)
300 g Mehl
1 TL Backpulver
1 TL gemahlener Ingwer
1 TL Zimtpulver
½ TL gemahlene Nelken
Salz

AUSSERDEM
Mehl zum Arbeiten
2 TL feiner brauner Zucker zum Bestreuen

1 Butter, Zucker und Sirup mit den Quirlen des Handrührgeräts cremig rühren. Eier einzeln unterrühren. Mehl, Backpulver, Ingwer, Zimt, Nelken und 1 Prise Salz mischen. Mehlmischung unter die Buttermasse rühren. Den sehr klebrigen Teig abgedeckt 1 Std. in den Kühlschrank stellen. Ein Backblech mit Backpapier auslegen.

2 Teig auf etwas Mehl halbieren. Auf dem Blech mit wenig Mehl zwei ca. 26 cm lange, runde Stränge formen, dabei reichlich Abstand lassen. 15 Min. kalt stellen. Backofen auf 180° vorheizen.

3 Teigstränge mit Zucker bestreuen. Im Ofen (Mitte) 10 Min. backen. Blech herausnehmen, Teig kurz abkühlen lassen, dann jeden Strang in zwölf gleich dicke Scheiben schneiden und diese auf dem Blech verteilen. Cantuccini im Ofen (Mitte) in 20 Min. fertig backen, dabei nach 10 Min. einmal wenden. Auf einem Kuchengitter auskühlen lassen. Luftdicht verschlossen aufbewahrt mindestens 1 Monat haltbar.

CHURROS MIT SCHOKOSAUCE

AUS SPANIEN

Für 30 Stück • 1 Std. Zubereitung • Pro Stück ca. 120 kcal, 2 g E, 8 g F, 11 g KH

FÜR DIE SCHOKOSAUCE

150 g Zartbitterschokolade
150 g Sahne
3 EL Zucker

FÜR DIE CHURROS

60 g Butter
Salz
200 g Mehl
4 Eier (M)

AUSSERDEM

1,5 l Frittieröl
Spritzbeutel mit Sterntülle (13 mm ∅)
Zucker zum Wälzen (nach Belieben)

SCHOKOSAUCE: Die Schokolade fein hacken und in eine Schüssel geben. Die Sahne in einem Topf aufkochen und den Zucker einrühren. Die Sahnemischung heiß über die Schokolade gießen (Bild 1). Die Masse 1 Min. ruhen lassen, dann mit einem Schneebesen gut durchrühren, bis eine glänzende Sauce entstanden ist (Bild 2). Die Sauce am besten über einem heißen Wasserbad warm halten.

BRANDTEIG: Die Butter und 250 ml Wasser in einem schweren Topf erhitzen, bis die Butter geschmolzen ist. Dann die Mischung einmal aufkochen lassen. Die Hitze reduzieren, 1 Prise Salz und das Mehl hinzufügen. Mit einem Holzkochlöffel so lange rühren, bis sich um den Löffel ein Teigball und auf dem Topfboden ein weißlicher Film gebildet hat (Bild 3). Noch 30 Sek. weiterrühren. Den Topf vom Herd nehmen und die Masse abkühlen lassen. Dann die Eier mit den Knethaken des Handrührgeräts nacheinander einzeln jeweils so lange unterrühren, bis sich die Zutaten gut verbunden haben (Bild 4). Den cremigen Teig in den Spritzbeutel mit Sterntülle füllen.

FRITTIEREN: Das Frittieröl in einer Fritteuse oder einem kleinen, hohen Topf auf 175° erhitzen. Im Topf ist es heiß genug, wenn an einem hineingehaltenen Holzkochlöffelstiel sofort größere Bläschen aufsteigen. Mit dem Spritzbeutel ca. 8 cm lange Streifen über dem Topf spritzen, diese jeweils mit einer Schere oder einem Messer abschneiden und vorsichtig ins heiße Fett gleiten lassen (Bild 5). Höchstens 4–5 Churros auf einmal in den Topf geben. Die Churros in 3 Min. goldbraun frittieren. Mit einer Schaumkelle herausheben und auf einem mit Küchenpapier belegten Kuchengitter abtropfen lassen.

ANRICHTEN: Die Churros nach Belieben in Zucker wenden, diesen leicht abklopfen. Mit der warmen Schokosauce zum Dippen servieren (Bild 6).

REGISTER

Vegetarische Rezepte, die im Buch mit einem ♦ gekennzeichnet sind, sind hier grün abgesetzt.

Abkürzungsverzeichnis:

E = Eiweiß
EL = Esslöffel (gestrichen)
F = Fett
kcal = Kilokalorien
KH = Kohlenhydrate
Msp. = Messerspitze
Pck. = Päckchen
TK = Tiefkühl
TL = Teelöffel (gestrichen)
Ø = Durchmesser

Projektleitung: Linh Nguyen
Lektorat: Karin Kerber
Korrektorat: Jutta Friedrich
Innen- und Umschlaggestaltung: independent Medien-Design, Horst Moser, München
Herstellung: Mendy Willerich
Satz: Kösel, Krugzell
Reproduktion: medienprinzen GmbH, München
Druck und Bindung: Firmengruppe APPL, aprinta druck, Wemding
Syndication: www.seasons.agency
Printed in Germany

1. Auflage 2020
ISBN 978-3-8338-7298-3

www.facebook.com/gu.verlag

GRÄFE UND UNZER
Ein Unternehmen der
GANSKE VERLAGSGRUPPE

DIE AUTORIN

Anna Walz ist gelernte Konditorin, Foodstylistin und Autorin zahlreicher Koch- und Backbücher. Das Thema »Knusprig«, in all seinen Variationen ist für sie der Inbegriff von Genuss. Bei der Rezeptentwicklung für dieses Projekt wurde sie tatkräftig von ihrem Mann **Adrian Gallinat-Walz** unterstützt.

DIE FOTOGRAFIN

Mona Binner entdeckte nach ihrer Ausbildung zur Werbefotografin in Hannover, Hamburg und London die Liebe zur Foodfotografie und arbeitet seit 2007 als freie Fotografin für namhafte Magazine und Verlage. Mit Unterstützung von **Julia Luck** (Foodstyling), **Kristina Geisel** und **Lisa Walckenhorst** hat sie die Crispy Snacks stilvoll in Szene gesetzt. Die schönen Requisiten wurde von **Motel a Miio** (www.motelamiio.com) zur Verfügung gestellt.

BILDNACHWEIS

Mona Binner: S. 06–59 und Stepfotos auf den Klappen.
Coco Lang: S. 01, 05 und Stillleben auf den Klappen
Kathrin Koschitzki: Coverfoto
Autorenfoto: privat

Umwelthinweis:
Dieses Buch ist auf PEFC-zertifiziertem Papier aus nachhaltiger Waldwirtschaft gedruckt.

QUALITÄTS G|U GARANTIE

LIEBE LESERINNEN UND LESER,

wir wollen Ihnen mit diesem Buch Informationen und Anregungen geben, um Ihnen das Leben zu erleichtern oder Sie zu inspirieren, Neues auszuprobieren. Wir achten bei der Erstellung unserer Bücher auf Aktualität und stellen höchste Ansprüche an Inhalt und Gestaltung. Alle Anleitungen und Rezepte werden von unseren Autoren, jeweils Experten auf ihrem Gebiet, gewissenhaft erstellt und von unseren Redakteuren/innen mit größter Sorgfalt ausgewählt und geprüft.

Haben wir Ihre Erwartungen erfüllt? Sind Sie mit diesem Buch und seinen Inhalten zufrieden? Haben Sie weitere Fragen zu diesem Thema? Wir freuen uns auf Ihre Rückmeldung, auf Lob, Kritik und Anregungen, damit wir für Sie immer besser werden können. Und wir freuen uns, wenn Sie diesen Titel weiterempfehlen, in Ihrem Freundeskreis oder online.

Sollten wir Ihre Erwartungen so gar nicht erfüllt haben, tauschen wir Ihnen Ihr Buch jederzeit gegen ein gleichwertiges zum gleichen oder ähnlichen Thema um.

KONTAKT

GRÄFE UND UNZER VERLAG
Leserservice
Postfach 86 03 13
81630 München
E-Mail: leserservice@graefe-und-unzer.de

Telefon: 0 08 00 / 72 37 33 33*
Telefax: 0 08 00 / 50 12 05 44*
Mo – Do: 9.00 – 17.00 Uhr
Fr: 9.00 – 16.00 Uhr (*gebührenfrei in D,A,CH)

APPETIT AUF MEHR?

ISBN 978-3-8338-6618-0

ISBN 978-3-8338-7078-1

ISBN 978-3-8338-6623-4

ISBN 978-3-8338-7077-4

ISBN 978-3-8338-6877-1

ISBN 978-3-8338-7073-6

Alle hier vorgestellten Bücher sind auch als eBook erhältlich.

GU

Mehr von GU auf **www.gu.de** und **facebook.com/gu.verlag**

DIE »GU KOCHEN PLUS«-APP

1 APP HERUNTERLADEN

Laden Sie die kostenlose »GU Kochen Plus«-App im Apple App Store oder im Google Play Store auf Ihr Smartphone. Starten Sie die App und wählen Sie Ihren Küchenratgeber aus.

2 REZEPTBILD SCANNEN

Scannen Sie das gewünschte Rezeptbild mit der Kamera Ihres Smartphones. Klicken Sie im Display die Funktion Ihrer Wahl.

3 FUNKTIONEN NUTZEN

Sammeln Sie Ihre Lieblingsrezepte. Speichern und verschicken Sie Ihre Einkaufslisten. Oder nutzen Sie den praktischen Supermarkt-Finder und den Rezept-Planer.